BOEKANALYSE

Malavita

· · · · · · · · · · · · · · · ·

Tonino Benacquista

BOEKANALYSE

Geschreven door Ophélie Ruch
Vertaald door Nikki Claes

Malavita

TONINO BENACQUISTA

TONINO BENACQUISTA

FRANSE AUTEUR EN SCENARIOSCHRIJVER

- **Geboren in Choisy-le-Roi in 1961.**
- **Opmerkelijke werken:**
  - *Le Maldonne des sleepings* (1989), roman
  - *La Commedia des ratés* (Engels: *Holy Smoke*, 1991), roman.
  - *Malavita* (2004), roman

Tonino Benacquista werd in 1961 geboren in een Italiaans gezin in een Parijse buitenwijk. Hij studeerde korte tijd film en literatuur, maar liet die al snel varen ten gunste van klusjes die enorm inspirerend zouden blijken voor zijn toekomstige werk. Eind jaren tachtig begon hij te schrijven en publiceerde hij noir-fictie die al snel een cultstatus kreeg. Later schreef hij ook meer mainstream romans, die hem veel succes brachten. Hiertoe behoren *Someone Else* (2001), dat het verhaal vertelt van twee dertigers die zich storten op de uitdaging om het leven te leiden waarvan ze altijd hebben gedroomd, en *Saga* (1997), dat de avonturen volgt van vier scenarioschrijvers die worden verbannen na het schrijven van een tv-soap.

Benacquista werkt ook als scenarioschrijver, stripauteur en aan de bewerking van enkele van zijn romans voor de bioscoop. Zijn langverwachte laatste roman, *Homo erectus* (in het Engels gepubliceerd als *The Thursday Night Men*), verscheen in 2011 met onmiddellijk commercieel en kritisch succes.

MALAVITA

EEN BUITENGEWOON VERHAAL

- **Genre:** roman

- **Referentie-uitgave:** Benacquista, T. (2013) *Malavita: Een roman*. Trans. Read, E. New York: Penguin.

- **1e druk:** 2004

- **Thema's:** maffia, familie, geweld, berouw, getuigenbescherming, actie

De Blakes, een ogenschijnlijk normaal gezin, zijn net verhuisd naar Cholong-sur-Avre in Normandië. Maar schijn bedriegt: Frederick Blake is in werkelijkheid Giovanni Manzoni, een verklikker van de New Yorkse maffia met een prijs van 20 miljoen dollar op zijn hoofd in de Verenigde Staten. Nadat hij de top van de maffia aan de Amerikaanse politie had verkocht, werden Giovanni en zijn familie opgenomen in het getuigenbeschermingsprogramma van de FBI, en zijn ze gedwongen in ballingschap te gaan in Frankrijk. Maar niets is moeilijker voor ex-maffialeden dan te integreren in het rustige dagelijkse leven van een klein Frans stadje. Stukje bij beetje bouwen ze een nieuw leven voor zichzelf op terwijl ze zich door sociale faux pas en wangedrag heen worstelen, in voor- en tegenspoed... tot de dag dat de Cosa Nostra hun geur oppikt en de hel losbreekt.

SAMENVATTING

EEN SCHONE LEI

De Blakes, een Amerikaans gezin, betrekken hun nieuwe huis in Cholong-sur-Avre in Normandië.

Vlak na hun aankomst vindt Fred, de vader, een oude type-machine bij het opruimen van opslagruimte. Hij heeft nog nooit van zijn leven een boek gelezen, en om te zeggen dat zijn woordenschat beperkt is, is vriendelijk uitgedrukt, maar hij voelt een nieuwe roeping bij het zien van het oude schrijf-apparaat, en besluit zich toe te leggen op het schrijven van zijn memoires.

Het gezin heeft echter moeite zich aan te passen aan hun nieuwe leven. Wanneer Warren, de zoon, het slachtoffer wordt van afpersers van lunchgeld, blijven de pestkoppen een paar uur later zielig achter; wanneer Maggie, de moeder, vindt dat de supermarktmanager anti-Amerikaanse vooroor-delen jegens haar koestert, gaat de winkel even later in vlam-men op; en wanneer Belle, de dochter, het doelwit is van wat al te opdringerige avances van een paar tienerjongens, eindi-gen ze gekneusd en achtergelaten aan de kant van een landweggetje.

DE SCHADUW VAN HET VERLEDEN

In feite lijken de Blakes slechts een normaal gezin. Vanaf de eerste pagina van Fred's memoires wordt het de lezer duidelijk dat hij in werkelijkheid Giovanni Manzoni is, een overloper van de Cosa Nostra, alias de New Yorkse maffia.

De herinneringen van Maggie geven de lezer meer informatie over de omstandigheden die de familie ertoe brachten hun leven om te gooien: hoe Giovanni werd gearresteerd, hoe hij een keuze moest maken tussen gevangenisstraf en collaboratie, hoe hij alle New Yorkse *capi* (maffialeiders) verraadde, gevolgd door hun ballingschap, eerst in eigen land en vervolgens, toen de situatie daar te gevaarlijk werd, in Europa.

De Manzonis werden ondergebracht in het FBI Getuigenbeschermingsprogramma, ook bekend als WITSEC, en onder toezicht geplaatst van agenten Di Cicco en Caputo, die in het huis tegenover hen wonen en verslag uitbrengen aan agent Quintiliani.

Fred gaat door met het schrijven van zijn memoires en ontdekt het plezier van schrijven: "Voor het eerst in zijn leven was hij aan het scheppen in plaats van aan het vernietigen, en zelfs als het resultaat in de ogen van de wereld lachwekkend bleek te zijn, had hij het gevoel dat hij eindelijk begon te bestaan" (blz. 95-96).

Terwijl haar man ervoor kiest om over zijn vroegere leven te schrijven, besluit Maggie zich in te zetten voor een goed doel om zich te herinneren aan haar nederige afkomst, maar ook als een soort boetedoening voor de decadentie en corruptie die de eerste jaren van haar huwelijk doordrongen. Om elke nieuwsgierigheid naar haar familie te voorkomen, organiseert ze ook een barbecue, waarvoor ze alle buren uitnodigt. Maar de schijn ophouden is geen gemakkelijke zaak, en Fred heeft het moeilijk om zijn humeur in bedwang te houden tijdens een komische episode: wanneer hij de barbecue aansteekt, heeft iedereen er wel iets aan toe te voegen over hoe onhandig hij te werk gaat. Zijn critici zijn zich totaal niet bewust van het gevaar waarmee ze flirten, want elke opmerking leidt ertoe dat de ex-mob baas zich steeds uitgebreidere martelingen voorstelt waaraan hij hen zou willen onderwerpen. Ze worden gered wanneer Quintiliani arriveert en hem weet te kalmeren.

Warren heeft handig gebruik gemaakt van de reputatie die hij op zijn eerste dag heeft verworven, en die gebruikt om een soort peetvader van de middelbare school te worden: alle leerlingen brengen hun grieven naar hem toe en hij lost hun geschillen op in ruil voor een bescheiden geldbedrag.

DE ECHTE GOODFELLAS

Fred, die zich tegenover de hele gemeenschap voordoet als schrijver, wordt uitgenodigd voor een filmvertoning van de plaatselijke filmvereniging, en hij komt vol trots. Door een komisch misverstand zijn de filmrollen verwisseld, en in plaats van de geplande film wordt *Goodfellas vertoond*, een van de meest invloedrijke films over de maffia. Quintiliani wil weg omdat hij het gevaar voelt dat dit kan opleveren, maar Fred staat erop om te blijven. Aan het eind van de voorstelling wordt Fred uitgenodigd om als Amerikaans schrijver vragen van het publiek te beantwoorden. Hoewel hij aanvankelijk geïntimideerd is, laat hij geleidelijk al zijn bedenkingen varen en begint aan een minutieus gedetailleerd exposé van de New Yorkse maffia, vol namen en details. Gelukkig lijkt alles waar hij mee komt zo absurd vergezocht dat iedereen het afschrijft als de fantasie van een schrijver en niemand het gelooft.

Bij thuiskomst krijgt Fred toestemming om zijn neef Ben te bellen. Via een slimme code nodigt hij hem uit om in het weekend op bezoek te komen, en geeft hem zelfs zijn adres, onder de neus van de FBI-agenten die hun gesprek afluisteren.

EEN BEZOEK MET ERNSTIGE GEVOLGEN

Ben arriveert in Cholong-sur-Avre en krijgt een warm welkom van de Manzonis. De FBI-agenten zijn woedend dat ze voor de gek worden gehouden, maar kunnen slechts gelaten toekijken als hij het huis binnenkomt en tijdens het diner een vreugdevol weerzien heeft met de familie.

Aan het eind van de avond doen Fred en Ben alsof ze een wandeling willen maken, met z'n tweeën, en vragen Maggie om de FBI-agenten af te leiden. Hoewel ze eerst terughoudend is, stemt ze uiteindelijk toe om hen te gaan bezoeken.

De twee mannen komen aan op hun bestemming, de fabriek die Fred heeft aangewezen als de oorzaak van het vervuilde water. Sinds ze hier wonen, lopen hun kranen bruin, tot grote verbazing van iedereen. De loodgieter die werd ingeschakeld was een onverschillige pummel die beweerde het probleem niet te kunnen oplossen: Fred pikte die houding niet lang en gaf hem een paar rake klappen met een hamer, wat de situatie niet verbeterde. Ben haalt een paar staven dynamiet, die ze die middag gemaakt hadden, uit zijn rugzak. Ze plaatsen het dynamiet en gaan terug naar het huis tegen een achtergrond van explosies en politiesirenes.

Quintiliani is woedend over het onvermogen van Fred om zich normaal te gedragen, en plaatst alle vier de leden van het gezin onder huisarrest. Als reactie op deze oneerlijke situatie besluit Belle zelfmoord te plegen door van de top van het grote wiel te springen, terwijl Warren besluit onmiddellijk weg te lopen, in plaats van in de zomer zoals hij oorspronkelijk van plan was, om zich weer bij de New Yorkse maffia aan te sluiten en zijn familienaam te herstellen. Beiden vluchten en gaan hun eigen weg.

EEN VERWOESTENDE WOORDSPELING

Niet lang daarvoor had Warren ermee ingestemd een Engelse woordspeling te schrijven voor de *Jules Valles Gazette* (de schoolkrant), geïnspireerd door een kwinkslag die hij Don Mimino, de *capo di tutti capi* (de leider van de vijf New Yorkse maffiafamilies) had horen maken toen hij jonger was.

Een exemplaar van deze krant maakt een buitengewone reis rond de wereld: een moeder geeft het aan haar man als hij op zijn zoveelste zakenreis vertrekt, zodat hij het griezelige gedicht kan lezen dat zijn zoon ervoor schreef; hij laat de krant op de grond vallen op de luchthaven, waar een Belgische jongeman op reis het vindt en de kruiswoordraadsels maakt, daarbij geholpen door een jonge vrouw; bij hun aankomst in Los Angeles gooien ze de krant die hen samenbracht weg, waar het wordt gevonden door een jongeman die tijdschriften uit de vuilnisbakken haalt. Hij geeft de krant aan een van zijn vrienden, die hem gebruikt om een pakje in te pakken dat hij naar zijn oom in de gevangenis stuurt: deze oom is niemand minder dan een van Don Mimino's trawanten, die gevangen is gezet na het verraad van Giovanni Manzoni. Wanneer de *capo di tutti capi* uit nieuwsgierigheid een blik in de krant werpt, valt zijn blik op de enige zin in het Engels. Hij herkent zijn eigen kwinkslag en weet meteen waar de Manzonis zich schuilhouden.

MANHUNT

Niet lang daarna arriveert in Cholong-sur-Avre een doodseskader bestaande uit tien van de meest bekwame gangsters uit de Verenigde Staten. Het eskader, dat geleid wordt door Don Mimino's kleinzoon, is vermomd als Amerikaanse toeristen, en ze proberen zich te mengen onder het festival dat diezelfde dag plaatsvindt, met komisch resultaat.

Uiteindelijk identificeren ze Di Cicco en Caputo, die op bevel van Quintiliani undercover zijn in de menigte, ontvoeren ze en dwingen ze hen naar het huis van de Manzonis te leiden. Als ze daar aankomen, laten ze het grootste wapen dat ze hebben afgaan en blazen het huis op. Precies op dat moment is Maggie in het huis aan de overkant van de weg, en vraagt Quintiliani haar te helpen Fred te verlaten, die zich onder de vensterbank verstopt en wanhopig luistert hoe zijn vrouw hem de rug toekeert. Dat betekent dat er niemand in het huis is behalve Malavita, de hond van de Manzonis, zoals de gangsters al snel doorhebben. Maggie en Fred weten echter niet dat hun kinderen zijn weggeslopen en zijn radeloos bij de gedachte dat ze wel eens dood zouden kunnen zijn.

Terwijl Warren vlucht, kruist hij het pad met twee Amerikanen die hij onmiddellijk identificeert als maffiapartners, terwijl Belle op het centrale plein terechtkomt op het moment dat de gangsters die op zoek zijn naar de Manzonis de controle over de stad overnemen. Beiden beseffen dat hun familie in gevaar is en haasten zich om zich bij hen te voegen. Quintiliani en Fred, die nu alleen zijn, beseffen dat hun belangen overeenkomen: voor beiden is het elimineren van de top van de New Yorkse maffia een wenselijke uitkomst. Ze besluiten hun krachten te bundelen om de stad te redden.

Het laatste deel van de roman is een uittreksel van Freds verslag van de klopjacht die hij samen met Quintiliani, zijn aartsvijand, is begonnen, waarbij zijn kinderen zich onderweg bij hen voegden. Die nacht slapen de Manzonis rustig onder het toeziend oog van de FBI-agenten, die hun een gevoel van veiligheid geven. Maar Don Mimino's kleinzoon, die aan hen was ontsnapt, slaagt erin bij Fred binnen te sluipen. Tot zijn grote verrassing bespringt Malavita hem plotseling, rukt zijn keel door en doodt hem, waardoor de Manzonis veilig en wel achterblijven – voor nu, tenminste…

KARAKTERSTUDIE

FREDERICK/GIOVANNI

Fred is de vader van de familie Blake – hoewel hij allesbehalve een gewone vader is, want hij staat nooit voor de middag op, wil nooit iets anders eten dan pasta in tomatensaus en laat de buren ten onrechte geloven dat hij schrijver van beroep is. In feite is Fred helemaal geen gewone man: hij is een voormalig hooggeplaatst lid van de Cosa Nostra, de maffia van New York, die zijn oude levenswijze de rug heeft toegekeerd. Hij is een verklikker, een ex-mobster die zijn vrijheid heeft gekocht door zijn broeders aan te geven. Een zware last van schuld ligt daarom zwaar op zijn schouders, terwijl hij probeert een discreet, normaal leven te leiden, ondanks zijn expertise in elke denkbare vorm van chantage, marteling en executie. De kloof tussen zijn oude identiteit van Giovanni Manzoni en zijn nieuwe identiteit als Fred Blake is onpeilbaar groot. Hij vindt een manier om de twee te verzoenen via een oude typemachine, die hij gebruikt om zijn memoires te schrijven, die vervolgens een soort brug vormen tussen zijn twee levens.

MAGGIE/LIVIA

Maggie, wiens echte naam Livia is, is de vrouw van Fred. Ze komt uit een arme maar eerlijke familie uit een buitenwijk van New York. Ze ontmoette Giovanni toen hij nog een vrij jonge schurk met een groot hart was, en werd smoorverliefd op hem. Toen ze met hem trouwde, kreeg ze een voorproefje van het hoge leven dat de vrouwen van de maffiabazen genieten: hen wordt niets ontzegd, zolang ze hun ogen sluiten en nooit nalaten hun man te dekken. Maar wanneer Giovanni wordt gearresteerd, wordt ook haar leven overhoop gegooid: ze verliest haar oude vrienden en wordt gedwongen alle contact met haar familie en vrienden te verbreken en zich aan te passen aan een leven dat ze nooit heeft gewild. Ze is op haar eigen manier berouwvol, met de wens om haar wandaden goed te maken door zich in te zetten voor liefdadigheidswerk. Ze is nieuwsgierig naar het leven van haar buren en nadat ze hun nieuwe gemeenschap heeft geobserveerd, begint ze ervan te dromen een wereld op te bouwen waarin vrijgevigheid en solidariteit hoogtij vieren. Hoewel deze kwaliteiten bij haar man enigszins ontbreken, kan ze het niet laten van hem te houden en hem te steunen.

BELLE

De dochter van de Manzonis doet haar naam eer aan: ze is mooi, gracieus en vriendelijk, en ze straalt zo'n warmte uit dat niemand haar kan weerstaan. Hoewel ze erg trots is op haar uiterlijk, laat ze dat niet naar haar hoofd stijgen; ze streeft ernaar haar leven zelf even mooi te maken en een perfecte wereld op te bouwen om in te leven. Haar karakter wordt niet erg uitgewerkt.

WARREN

Warren is het jongste kind van de Manzonis. Hoewel hij nog heel jong was toen zijn familie de maffiawereld verliet, koestert hij zijn herinneringen eraan en is hij er vooral trots op. Hij is gefascineerd door zijn geboorteplaats, met een hartstochtelijke belangstelling voor de geschiedenis en de geografie ervan, en is van plan zich weer bij de maffia van New York aan te sluiten om zich een plaats in de gelederen ervan te verwerven en zijn familienaam te herstellen. Hij brengt zijn dagen door met het creëren van een imitatie van de maffia op zijn eigen niveau: hij neemt de controle over de school en maakt zichzelf onmisbaar voor zijn klasgenoten, biedt diensten aan en vraagt een vergoeding voor zijn vaardigheden.

QUINTILIANI

Quintiliani is een jonge Italiaanse immigrant van de tweede generatie, die net als Giovanni Manzoni een gangster had kunnen worden als hij niet had besloten zijn leven te wijden aan de bestrijding van de maffia. Als FBI-agent op hoog niveau organiseert hij de beschermende hechtenis en verbanning van de Manzonis. Hoewel hij Giovanni Manzoni veracht, beschermt hij hem om de maffia te laten zien dat degenen die zich van hun oude manieren afkeren, aan die wereld kunnen ontsnappen, en dat hun organisatie op geleende tijd leeft. Hij valt onder het archetype van de norse maar integere wetshandhaver die in diverse romans en tv-shows voorkomt. Hij heeft een enigszins dubbelzinnige relatie met Fred, in die zin dat de twee mannen elkaar begrijpen en soms oog in oog staan, zoals in de slotscène, maar hun respectieve rollen van gangster en federale agent maken hen tot natuurlijke vijanden.

DI CICCO EN CAPUTO

Deze twee mannen zijn FBI agenten die dienen onder Quintiliani, en die permanent aangesteld zijn om de familie Blake in de gaten te houden. Sinds de familie in ballingschap ging, wonen ze full-time in het huis tegenover het hunne om hen in de gaten te houden. Maggie raakt goed bevriend met hen, en gaat vaak bij hen op bezoek. Ze waarderen haar gezelschap en steun, vooral omdat ze Italiaanse maaltijden voor hen bereidt. Gedwongen om ver van hun familie te leven, zijn zij het slachtoffer van de bijkomende schade van Fred's verraad.

ANALYSE

PLOT

Beginsituatie: dit is het begin van het verhaal, het moment om de scène neer te zetten en de personages te introduceren; de situatie is evenwichtig, wat betekent dat er geen reden is om deze te veranderen.

• De familie Manzoni, herboren als de familie Blake, is net verhuisd naar een klein stadje in Normandië waar ze proberen hun anonimiteit te bewaren en een normaal leven te leiden na hun verbanning uit New York.

Ontwrichtend element: dit is een gebeurtenis die plaatsvindt, waardoor de beginsituatie en het echte verhaal op gang komt.

• Fred, de vader, is ongeneeslijk rusteloos. Terwijl zijn vrouw en kinderen zich van tijd tot tijd vreemd gedragen, is hij werkelijk niet in staat zijn innerlijke demonen onder controle te houden. Hij bedreigt een loodgieter, pronkt in het openbaar met zijn perfecte kennis van de maffia en blaast een fabriek op.

Ontwikkelingen: dit zijn de door het verstorende element veroorzaakte gebeurtenissen die de held ertoe brengen actie te ondernemen om het probleem op te lossen.

• Na een reeks toevalligheden komt Don Mimino, Manzoni's grootste vijand, achter zijn schuilplaats en stuurt een klein leger gangsters achter hem aan. Ze arriveren op de dag van het feest van Saint Jean en halen de stad overhoop om hem te vinden en te doden.

Resultaat: dit maakt een einde aan de ontwikkelingen en leidt tot de conclusie.

- Frederick en Quintiliani verenigen zich en slagen erin de indringers af te weren, waardoor de vrede in de stad terugkeert.

Conclusie: dit is het einde van het verhaal. De situatie is weer stabiel, zoals de beginsituatie, maar er zijn enkele veranderingen.

- Alle vier de leden van het gezin en hun hond Malavita zijn veilig en kunnen een "normaal" leven blijven leiden.

GENRE

Deze tekst is een roman die voldoet aan de conventies van dat genre: hij bestaat uit een prozaverhaal dat de chronologische volgorde van de gebeurtenissen volgt en de avonturen vertelt van een aantal personages die aan de lezer zijn voorgesteld.

Dit boek is ook een terugkeer naar een genre dat Tonino Benacquista een groot deel van zijn carrière aan de kant had geschoven: noir fictie, een genre dat bepaalde elementen van fantasie in het verhaal introduceert, met name geweld en misdaad. In dit geval tekent Benacquista een vrij gedetailleerd portret van een criminele gemeenschap, de maffia, en doorspekt zijn verhaal met gewelddadige scènes, zoals de fabrieksexplosie en de grote finale. Benacquista gebruikt de geschiedenis van de familie Blake om een rijk, gedetailleerd verslag te maken van een fascinerende onderwereld die gedomineerd wordt door misdaad en geweld.

VERDER LEZEN

REFERENTIE-UITGAVE

Benacquista, T. (2013) *Malavita: Een roman*. Trans. Read, E. New
York: Penguin.

AANPASSINGEN

The Family. (2013) [Film]. Luc Besson. Dir. Frankrijk/USA: TF1
Films Production.

*We horen graag van jou! Laat
een reactie achter op jouw online bibliotheek
en deel je favoriete boeken op social media!*

Waarom kiezen voor Must Read?

Kom alles te weten over een boek met onze beknopte en diepgaande samenvattingen en analyses!

Ontdek het beste uit de literatuur in een compleet nieuw licht!

De uitgever garandeert de betrouwbaarheid van de gepubliceerde informatie, die echter niet onder zijn verantwoordelijkheid valt.

www.50minutes.com

Master ISBN: 9782808689212
Papier ISBN: 9782808610612
Wettelijk depot: D/2023/12603/1341

Omslag: © Primento

Digitaal ontwerp: Primento, de digitale partner van uitgevers.